1768

Baudeau, Nicolas

Avis au peuple sur son premier besoin, ou Petits traités économiques

Tome 2

AVIS
AU PEUPLE
SUR
SON PREMIER BESOIN.

SECOND TRAITÉ.

AVIS AU PEUPLE

SUR

SON PREMIER BESOIN,

OU

PETITS TRAITÉS ÉCONOMIQUES.

Par l'Auteur des Ephémérides du Citoyen.

SECOND TRAITÉ

Sur la Mouture des Grains, & sur le Commerce des Farines.

A AMSTERDAM,

Et se trouve **A PARIS,**

Chez
{
HOCHEREAU, le jeune, Libraire, au Palais.
DESAINT, Libraire, rue du Foin S. Jacques.
LACOMBE, Libraire, quai de Conti.

M. D. CC. LXVIII.

AVIS AU PEUPLE

SUR SON PREMIER BESOIN,

OU

PETITS TRAITÉS ÉCONOMIQUES.

SECOND TRAITÉ,

SUR

LA MOUTURE DES GRAINS,

ET SUR

LE COMMERCE DES FARINES.

CHAPITRE PREMIER.

De la mouture des Grains.

N°. PREMIER.

Des diverses Manieres de moudre le Bled.

C'EST pour tout le monde une chose essentielle à savoir, que la différence

énorme qui se trouve entre les manieres de moudre les grains. Il y a
trois sortes de méthodes usitées dans
le Royaume, & la troisieme, qui est la
plus nouvelle, produit plus d'un tiers au-
delà de la premiere, qui est la plus ancienne & la plus commune dans nos
Provinces.

Toute personne qui prend garde à ses
propres affaires, & qui s'intéresse au
pauvre Peuple, sentira facilement quel
service on peut rendre à l'humanité entiere en substituant la nouvelle *mouture*
à l'ancienne. Il s'agit de gagner pour
les hommes une grande partie de très
bonne farine, qu'on laissoit perdre dans
la vieille routine, & qu'on donnoit aux
animaux avec le son. Comme on peut
nourrir le bétail avec beaucoup d'autres
productions qui ne sont pas aussi bonnes
pour nous que la farine & le pain, c'est
un profit très réel que de nous réserver
sur le bled tout ce que nous pouvons

manger avec agrément, tout ce qui eſt bon, ſalubre & nourriſſant.

N°. II.

De la mouture en groſſe.

La maniere la plus ancienne & la plus uſitée, qu'on appelle *mouture en groſſe*, ſe fait dans les moulins ordinaires. Il faut nétoyer le grain chez ſoi, avant de le porter au moulin ; on vous rapporte la farine mêlée avec le ſon, & vous êtes obligé de la *tamiſer* ou de la *bluter*, pour ſéparer la *fleur*, la farine, les *recoupes* & le ſon.

Pour faire le gros pain on laiſſe tout mêlé, le ſecond pain n'eſt que de *farine* & de *recoupes*, le bon pain eſt de pure farine, les patiſſeries de pure *fleur* ; tout le monde ſait ce détail.

Il y a des moulins mieux conſtruits, qui ont des *bluteaux* pour ſéparer la farine ; ceux-là ſont plus commodes, plus expéditifs & moins couteux pour le Peu-

ple. Ces *bluteaux* qui vont en même-
temps que les moulins, font de trois
fortes. Les uns ne féparent que le plus
gros fon; c'eft la mouture du pauvre.
Les autres féparent tout le fon ; c'eft la
mouture du Bourgeois : enfin les autres
féparent les recoupes & ne laiffent paf-
fer que la farine la plus fine, c'eft la
mouture du riche.

Nº. I I I.

Vices de la mouture à la groffe.

Par la mouture à la groffe, il fe perd
une grande quantité de belle & bonne
farine ; par la raifon que les *gruaux* paf-
fent avec le fon. Ces gruaux font d'un
meilleur goût & plus nourriffants que la
fine fleur ou la farine blanche, quoi-
qu'ils ne foient pas tout-à-fait d'une fi
belle couleur.

Les fons qui renferment ainfi les
gruaux font nommés *fons gras ;* ils con-

tiennent deux especes de gruaux. Les uns font séparés du fon ; mais étant aussi gros, ils ne peuvent passer à travers les tamis & les blutoirs qui féparent la fine fleur & la belle farine. Les autres font adhérents au fon même , & n'en peuvent être féparés que par une seconde mouture ou par le remoulage.

On n'employoit autrefois les fons *gras* qu'à faire de l'amidon & à nourrir les animaux domestiques ; on avoit même fait des Réglements, des Arrêts, des Sentences, qui défendoient expressément de tirer les gruaux du fon , & de les employer dans le pain : exemple pareil à dix mille autres, & qui prouve combien est abfurde & funeste la manie de ceux qui croient tout favoir, & qui font des Réglements en conféquence , pour empêcher, à l'avenir, qui que ce foit d'en favoir plus qu'eux ; à peine, pour lui ou pour le public, de ne pouvoir profiter de ces nouvelles connoiſ-

ſances, quoique très utiles & bien con-
firmées par l'expérience.

Tout ce qu'on ſavoit faire de mieux
dans la mouture *à la groſſe*, c'étoit de
diſtinguer, par le moyen des tamis &
des blutoirs, une partie des *gruaux* de la
premiere eſpece; c'eſt-à-dire de ceux
qui ſont ſéparés du ſon. Mais cette méthode avoit deux inconvénients; le premier, de laiſſer paſſer avec les gruaux,
beaucoup de vrai ſon; le ſecond, de
laiſſer avec le gros ſon, non-ſeulement
les *gruaux ſéparés*, qui avoient plus de
volume, mais encore ceux qui ſont encore adhérents au ſon dans la premiere
mouture.

Auſſi par la mouture à la groſſe, il
arrivoit & il arrive encore en beaucoup
de Provinces, que d'un ſeptier de froment, peſant deux cents quarante liv.
on ne retire que quatre vingts ou quatre-
vingt-dix livres, & dans les meilleurs
moulins, après le blutage, cent ou tout

au plus 110 livres de *farine blanche* ; le reste en *farine bise & son* : c'étoit une habileté rare de produire 120 liv. *de blanc* ; au lieu que par la mouture économique, qui est la troisieme espece & la plus nouvelle, on en retire jusqu'à 195 livres au moins ; ce qui fait, comme on voit, la différence de plus d'un tiers.

Nº. I V.

Mouture méridionale.

La seconde espece de mouture est appellé méridionale, à cause des Provinces de France où elle est en usage depuis un certain temps.

Les moulins qui sont destinés aux farines qu'on appelle *minots*, & qui servent à la Marine ou aux Colonies, sont beaucoup mieux construits, & mieux conduits que les moulins ordinaires ; le Commerce les a perfectionnés. Les rouages sont meilleurs, & les meules plus dures, quoique plus petites, d'ail-

leurs le blutage s'y fait avec beaucoup
plus de foin que dans la routine vulgaire.

Après avoir criblé ou nétoyé le grain
féparément, on le fait moudre dans un
moulin qui ne fert qu'à cette opération.
La farine en fort *trop chaude* pour la
bluter fur le champ ; défaut qui vient
de ce qu'on tient les meules trop rapprochées dans cette premiere mouture ,
par la raifon qu'on n'en fait qu'une ,
comme nous allons l'expliquer, & qu'on
n'a point la méthode de remoudre les
gruaux.

Le mauvais ufage où l'on eft de piquer
les meules à l'aventure, ou, comme on
dit, *à coups perdus,* aide beaucoup auffi à
détériorer cette mouture, comme nous
le ferons remarquer plus bas.

Le grain ainfi moulu en farine mêlée de toute efpece, s'appelle *rame.* On
la laiffe repofer & perdre fa chaleur ;
puis quand elle eft en état, on la paffe

dans un blutoir, qui la sépare en quatre portions. La plus fine fleur s'appelle *minot* ; elle se commerce pour la mer & les Colonies. La seconde, s'appelle *farine simple* ou le *simple* ; on la vend aux Boulangers & aux Bourgeois. La troisieme, s'appelle *gréfillon*, & sert pour le pain des pauvres, qui a beaucoup de saveur & de substance ; enfin, la quatrieme est le son mêlé de gruaux.

On fait un second blutage, qui en sépare une derniere farine, appellée *repasses* dans le pays.

Les inconvéniens attachés à cette mouture méridionale sont : 1°. de faire trois opérations au lieu d'une ; 2°. d'échauffer trop la farine ; 3°. de sacrifier, par le défaut de rémoulage, beaucoup de bonne farine blanche, dans le gréfillon, les repasses & même le son. Aussi dans un procès verbal très authentique de comparaison, fait à Bordeaux, dont nous allons rendre compte, il ne s'est

trouvé, par la mouture méridionale ordinaire, fur cinq cents vingt deux liv.
de froment, que cent dix-neuf liv. de
farine blanche, qui ont produit cent cin-
quante-fept livres de pain blanc, & par
la mouture économique dont nous allons
parler, pareil poids du même froment
a produit trois cents quarante cinq liv.
de farine blanche, qui ont donné quatre cents quarante-trois livres de pain
blanc.

N°. V.

De la mouture économique.

Tout l'art de la mouture économique
a confifté originairement dans une ob-
fervation fort fimple fur les *gruaux* : on
appelle ainfi, de groffes portions du
grain qui ne font pas fuffifamment écra-
fées par les meules dans une premiere
mouture. De ces gruaux, les uns font
totalement dégagés du fon ; les autres
tiennent encore plus ou moins à ce fon,

qui eſt l'écorce ou la peau du bled.

Ces gruaux n'étant pas écraſés, ne font point de farine, ne boivent pas l'eau, ne ſe pêtriſſent pas, ne fermentent ni ne cuiſent aſſez pour faire de bon pain.

Comme ils ſont plus ou moins gros, l'opération du blutoir eſt inſuffiſante à leur égard ; car, ſi le tamis eſt trop fin, les gruaux qui ſont très bons en eux-mêmes, reſtent mêlés avec le ſon ; s'il eſt trop lâche, il paſſe beaucoup de pur ſon avec les gruaux. Or, le pur ſon, qui eſt l'écorce ou la peau du bled, gâte le pain ; non-ſeulement il lui donne une mauvaiſe couleur ; mais les hommes ne le digerent point, il ne leur fait pas nourriture, & nuit même à l'eſtomach humain par ſes mauvaiſes qualités, au jugement des Médecins.

Les Anciens Réglemens à cet égard étoient donc, comme c'eſt l'ordinaire, abſurdes & pernicieux dans leur effet,

quoique fondés fur un bon principe.
Leur but avoit été d'empêcher qu'on ne
fît entrer le fon dans le pain ; mais ils
confondoient, mal-à-propos avec le fon,
les *gruaux* qui font de la bonne & de la
très bonne farine, qui n'eft pas affez pi-
lée par les meules.

On attribue à des Meûniers de Senlis,
nommés *Pigeaut*, l'invention de remoudre les gruaux ; ils commencerent il y
a près de cent ans : leurs petits fils vi-
vent encore dans le même pays, & dans
le même état de meûniers. M. Malouin
affure qu'ils font *bons & riches* ; nous les
félicitons bien fincerement de l'un & de
l'autre, & furementment tous les honnêtes Citoyens applaudiront avec nous,
à la fageffe qu'ils ont eue de refter dans
leur Commerce. La réputation bien mé-
ritée de leurs auteurs, doit leur y affurer la vraie confidération, l'eftime de
tous les honnêtes gens, acquife par des
fervices réels rendus à l'humanité ; no-

blesse plus pure & plus solide que l'illus-
tration qu'on doit si souvent à des faveurs
aveugles qui ne viennent que du hasard,
& quelquefois d'une source pire encore.

Dans cette mouture, très proprement nommée *mouture économique* ; on s'attache à bien séparer les gruaux pour les *remoudre* & les réduire par ce moyen en bonne farine, qu'on épure ensuite absolument du son ; quand elle est bien divisée & atténuée par un premier, un second, & même par un troisieme remoulage.

Cette opération loin d'être nuisible, est d'autant meilleure, que le germe du grain, qui est la partie la plus nourrissante & la plus savoureuse, étant plus compacte, & conséquemment plus dure, ne se réduisoit presque jamais en farine, & restoit, sinon dans le son, du moins dans la farine bise ; ce qui rendoit le pain blanc moins bon que le pain bis.

Parmi les personnes vivantes qui ont

perfectionné la mouture économique, ou l'art de *remoudre* à plusieurs reprises les *sons gris*, pour réduire en farine les *gruaux*, M. Malouin cite le Sieur Maliffet & le Sieur Guilleri; le premier, Maître Boulanger de Paris, & le second, Meûnier à Gif. Mais il ne parle nulle part du Sieur Céfar Bucquet, ci-devant Meûnier à Senlis, à préfent attaché à l'Hôpital-Général de Paris, & employé par M. Bertin, Miniftre d'Etat, pour perfectionner, & pour établir dans le Royaume la mouture économique. Il eft fâcheux que cet habile Académicien n'ait pas eu en communication les Mémoire du Sieur Bucquet, & ne l'ait pas entretenu lui-même, il en auroit tiré de grandes lumieres, qui auroient étendu & completé fa théorie fur la mouture économique.

Voici, fuivant l'idée que nous en a donné le Sieur Bucquet, dont le récit nous eft confirmé par des Procès-verbaux en bonne forme , en quoi confiste cette *mouture* & fes avantages.

1°. Le Sieur Bucquet conftruit des moulins , ou accommode les anciens , de maniere qu'ils renferment trois machines , & font à la fois trois opérations. La premiere , de *cribler* & nétoyer le bled avant qu'il tombe dans la trémie. La feconde , de le *moudre* de maniere qu'il ne s'échauffe pas , qu'il ne contracte , ni odeur , ni qualités nuifibles , & auffi qu'il ne *s'évapore* pas trop de la plus fine farine ; deux avantages très réels , qui font le plus grand art de la meûnerie. La troifieme enfin , de le *bluter* pour féparer la premiere farine, les deux efpece de gruaux , les recoupes & le fon.

2°. Ces 3 machines n'en forment qu'une dans le moulin du Sieur Bucquet. Et cependant il n'y a que très peu de perte de temps ; car , dans le Procès-verbal de Bordeaux , nous trouvons que le

Sieur Bucquet n'a mis que feize minutes de plus, pour cribler, moudre, bluter, remoudre & rebluter 522 livres de bled, qu'un meûnier de Bordeaux, nommé Ramonille, n'en a mis pour moudre feulement le même poids de bled par la mouture méridionale; le criblage & le blutage s'étant faits à part.

La grande perfection de cette machine, vient de la maniere de pofer & de piquer les meules en *rayons exacts*, non *à coups perdus*, & des poulies qui communiquent le mouvement aux blutoirs.

Le principal avantage de la mouture pratiquée par le Sr Bucquet, c'eft de ne point échauffer la farine dans le moulage, ni dans le remoulage ; c'eft un fait conftaté par le Procès-verbal des Jurats de Bordeaux, en datte du 18 Décembre 1766. La farine produite par la mouture méridionale, fortoit *chaude* du moulin, & celle du Sieur Bucquet, en fortoit *fraiche*. Article, d'où dépend

la conſervation des *farines* dans le Commerce de mer : auſſi le Sieur Guiraud,
Négociant à Marſeille, a-t-il fait uſage,
avec grand ſuccès, des farines du Sieur
Bucquet pour les biſcuits de mer, dont
il a fait l'épreuve au mois d'Avril 1767.

Par le remoulage des gruaux, le Sieur
Bucquet a tiré, lors du Procès-verbal
de Bordeaux, comme on a pu voir ci-
deſſus, quatre cents quarante-trois liv.
de pain blanc, au lieu de cent cinquante
ſept qu'a produit la mouture méridionale. Si on mêle enſemble toutes les farines provenues de ſa mouture, on tire
d'un ſeptier de froment peſant deux cents
quarante livres, le poids d'environ deux
cents ſoixante livres de très bon pain qui
eſt aſſez blanc, ſavoureux & ſubſtantiel,
tel qu'il convient au Peuple des Villes ;
c'eſt un fait que le Sieur Bucquet offre
de démontrer à quiconque voudra s'en
convaincre ; d'où il réſulte que ſa méthode économique produit plus de 13 l.

de pain très bon, avec douze livres feulement de froment. Il refte de gros fon
bon pour les chevaux environ une once
& demie par l. de bled ; de recoupes pour
les vaches, une once, & de petit fon
pour les porcs & la volaille environ une
demie once par livre. Comme nous l'expliquerons dans le Traité du pain.

<h2 style="text-align:center">N°. V I.</h2>

L'intérêt public exige qu'on faffe connoître,
autant qu'il eft poffible, la mouture éco-
nomique.

Tous les honnêtes gens qui liront cet
Avis au Peuple, fentiront combien il eft
intéreffant pour le bien de l'humanité,
que tout le monde connoiffe les avantages que procure la mouture économique, pouffée à une grande perfection
par le fieur Bucquet.

Pour engager les bons Citoyens à
répandre cette connoiffance dans le Public, nous allons leur citer des faits très

conftants, & fur la vérité defquels ils peuvent compter, nous nommerons ex- près les lieux, le temps & les perfonnes.

N°. V I I.

Expériences décifives & authentiques, en faveur de la mouture économique.

Il falloit autrefois quatre feptiers de bled par an, mefure de Paris, pour la nourriture d'un homme, parcequ'on ne tiroit d'un feptier de froment que 144 livres de pain : c'eft un fait attefté par Budée, & par les anciens Statuts de l'Hôpital des Quinze-Vingts.

En 1678, fuivant le Réglement de Police fait dans la Ville d'Amiens, le 5 Novembre, un feptier de bled, mefure d'Amiens, pefant 48 liv. ne donnoit que 25 livres de pain blanc & 16 livres de pain bis.

L'art d'extraire les farines s'étoit perfectionné à la fin du dernier Siécle, puifque M. de Vauban n'adjugeoit à

chaque homme, pour fa nourriture,
que trois feptiers de froment.

Mais peu de temps après lui, on com-
mençoit à n'adjuger que deux feptiers
& demi, qui ne rendoient enfemble
qu'environ 450 livres de pain.

Aujourd'hui, dans Paris, par la
mouture du Sieur Bucquet, il ne faut
que deux feptiers de froment pour produire cinq cents trente liv. de pain, qui
fuffifent à un homme pour fon année.

D'où il réfulte qu'il y a plus de moitié
de profit depuis S. Louis & Budée jufqu'à
préfent.

Obfervez cependant qu'il nous refte
des autorités des anciens, entr'autres du
fameux Pline, le Naturalifte, qui dit
expreffément dans fon dix-huitieme Livre, que le froment rend un tiers plus
en pain qu'il ne pefe lui-même ; en forte que 240 livres ou le feptier de Paris devroit rendre 300 livres de pain,
au lieu de 265, fi nos grains étoient auffi

bons,

bons , & notre mouture auſſi parfaite que celle des Romains il y a dix-ſept cents ans.

Mais c'eſt déja beaucoup d'avoir ré-duit , par le même moyen de la mou-ture économique , la nourriture d'un homme de quatre ſeptiers à deux.

Expérience des Miſſionnaires de Verſailles.

Le Sieur Guilleri , Meunier de Gif , près Paris & Verſailles , a déclaré lui-même à M. Malouin , & lui a permis d'imprimer , qu'il avoit été long-temps le Meunier des Miſſionnaires de la Con-grégation de S. Lazare qui deſſervent la Chapelle de Verſailles. Ils donnoient leur bled à moudre , ſuivant la routine vulgaire ou *à la groſſe* : ils ne retiroient que huit boiſſeaux de farine de chaque ſeptiers de bled , meſure de Gif ou du Duché de Chevreuſe , qui peſe 275 livres , c'eſt-à-dire , 25 plus que le ſep-ſier de Paris ; & cette farine étoit mé-

diocre, parceque les Miſſionnaires en
la blutant, pour la rendre blanche,
laiſſoient dans le ſon les meilleurs
gruaux, ſur-tout le germe qui eſt le
plus ſavoureux & le plus ſubſtantiel.

Le Sieur Guilleri achetoit les *ſons
gras* de ces Miſſionnaires : il en ſépa-
roit les *gruaux* pour les faire remoudre ;
& par ce *remoulage*, il en tiroit preſque
autant de farine, que les Miſſionnaires
en avoient eu par la premiere mouture. Il faut l'en croire ſur cette déclara-
tion.

En 1760 les Miſſionnaires ſe rendi-
rent enfin, & quitterent leur préven-
tion contre la mouture économique ;
ils retirent aujourd'hui quatorze boiſſeaux de farine de chaque ſeptier, au
lieu de huit ; & cette farine eſt meilleure.

Expérience de Valenciennes.

Le premier Septembre 1760, on a

fait moudre 150 livres de bled par la méthode *économique* : on a tiré 88 livres 5 onces 2 gros 2 tiers de farine *blanche*, & 27 livres 10 onces 5 gros & demi de farine *bise*, & 32 livres en sons & recoupes, avec 2 livres de déchet.

On a aussi fait moudre *à la grosse* ou par la routine ordinaire, 152 livres de même bled qui n'a produit que vingt-neuf livres de farine *blanche*, 80 livres 13 onces 2 gros 1 tiers de farine *bise*, & 36 livres 2 onces 5 gros & 1 tiers en sons, avec 6 livres 5 onces 2 gros & 2 tiers de déchet.

La farine produite par la mouture économique, auroit donné plus de pain si on en avoit fait l'épreuve.

Expérience de M. du Hamel.

M. du Hamel de Monceaux, de l'Académie des Sciences, dans son Supplément au Traité de la Conservation des grains, cite une Expérience faite le 3

Février 1765 : un feptier de bled non
étuvé ou féché au feu , pefant 234
livres , a produit 175 livres 2 onces
de farine , & 52 livres 2 onces de *fon* ,
on a mis 100 livres d'eau en faifant de
la pâte avec les 175 livres 2 onces de
farine , & on en a tiré 236 livres de
pain.

Le bled étuvé ou féché au feu , fuivant la méthode de M. du Hamel , pefant 236 livres 6 onces , a produit 178
livres 6 onces de farine , 151 livres de
fon , 244 livres de pain.

Expérience du Sieur Maliffet.

Le Sieur Maliffet , célebre Boulanger de Paris , tire dans fes Moulins d'un
feptier de bled pefant 240 livres , 180
livres de farine & 55 livres de fon.

Expérience du Sieur Guilleri.

M. Guilleri , Meunier de Gif , dont
nous avons parlé plus haut , tire d'un

feptier de bled de Chevreufe , pefant 275 livres, 200 livres de *farine*.

Expérience des Adminiftrateurs de l'Hôpital de Paris.

Le premier Septembre 1759, Meffieurs les Adminiftrateurs de l'Hôpital de Paris, virent moudre par la mouture économique, un feptier de bled nouveau, pefant 249 livres, le réfultat fut 187 livres 8 onces de farine, & 53 liv. de fon.

Expérience de M. le Lieutenant-Général de Police.

Au mois de Janvier 1761, en préfence de M. le Lieutenan-Général de Police de Paris, on fit moudre de même deux feptiers, pefant 480 livres, de froment, on en tira 370 livres cinq onces de farine, & 95 livres huit onces de fon.

Expérience du Sieur Bucquet.

Depuis 1761 , le Sieur Céfar Buc-quet , Meunier de l'Hôpital , a trouvé le moyen de tirer 15 livres de plus de farine par feptier de 240 livres; & ces 15 livres de farine font 20 livres de pain de plus, fuivant fon Mémoire imprimé , qui n'a pas été vu par M. Malouin.

Or , l'Expérience de 1761 , ayant donné près de 185 liv. de farine par cha-que feptier de 240 liv. les 15 liv. en fus par feptier feroient près de 200 liv. de toutes farines ; & dans la proportion de 15 à 20, c'eft 265 l. de pain par chaque feptier de froment.

M. Bucquet attefte dans fon Mémoire imprimé , pour confirmer fon récit , le Sieur Bricoteau , Chef de la Boulange-rie & les Regiftres de l'Hôpital. M. *May-jonade*, homme très habile & très vrai , qui a long-temps étudié & fait pratiquer l'art de faire du pain, nous a pleinement confirmé la poſſibilité du fait, & certifie l'avoir éprouvé.

N°. V I I I.

Zèle du Sieur Bucquet, & offre de ſes ſervices.

Le Sieur Bucquet nous ayant été adreſſé par un Lieutenant-Général des Armées du Roi, plein d'humanité & d'amour du bien Public, nous avons vu tant de droiture, tant de zèle & de franchiſe dans cet Artiſte, que nous n'avons pas balancé à lui demander la permiſſion de l'annoncer au Public. Il y a conſenti ſans peine.

On peut donc s'adreſſer à lui ſans ſcrupule, à Paris, Quai Pelletier, où il eſt fort connu. Il donnera par écrit, ou de vive voix, toutes les explications & tous les éclairciſſements qu'on pourra deſirer ſur la mouture *économique*, & ſur la maniere de monter les moulins à l'économique ; c'eſt-à-dire de ſuſpendre,

de piquer les meules, d'adapter les machines pour cribler & pour bluter, au
moulin même.

Ses inventions font simples, faciles à
exécuter, & peu difpendieufes. Il fera
plus, il pourra communiquer les plans
de ces Ouvrages, & mieux encore,
donner à ceux qui le defireront, quel-
qu'un des éleves qu'il a formés, pour
répandre, établir & confirmer la pratique de la mouture économique, de laquelle il eft très zèlé, comme très ha-
habile partifan.

Le Public fera fans doute fort aife de
favoir que M. Bertin, Miniftre d'Etat,
rend depuis long-temps, au talent du
Sieur Bucquet, la juftice qu'il mérite,
qu'il l'a employé avec fuccès pour établir des moulins économiques à Bordeaux, à Lyon, à Bourdeille en Périgord & à Dijon; qu'il a même envoyé
exprès un habile Architecte au moulin
que le Sieur Bucquet avoit à Senlis,

pour en prendre les deſſeins & les plans, & les accompagner d'une explication, qui paroîtra bien-tôt ſans doute, où ſe trouveront les meilleures inſtructions du monde ſur la mouture économique.

N°. I X.

Exhortation aux bons Citoyens.

Ceux de nos Lecteurs qui peuvent concourrir par leurs moyens, ou par leur autorité, à l'établiſſement de la *mouture économique*, peuvent difficilement rendre de plus grand ſervice à la patrie & à l'humanité. Les riches Négociants, les Propriétaires, les Seigneurs eccléſiaſtiques & laïcs, les Adminiſtrateurs des Maiſons publiques & des Hôtels de Ville, ont en même-temps les moyens & l'autorité. Ce ſera leur faute ſi cette méthode ſi avantageuſe, ne ſe répard pas dans tous les lieux où ils ont le pouvoir de l'établir.

C'eſt pour les riches une des manieres

les plus avantageufes de placer fon argent, que d'établir des moulins propres à la mouture économique. La méthode du Sieur Bucquet exige des dépenfes médiocres, pour mettre la plupart des moulins actuels en état de moudre & remoudre par économie : les Propriétaires trouveroient dans cette dépenfe, une fource très abondante d'un revenu bien légitimement acquis, un furcroît de richeffe, accompagnée du plaifir que donne un furcroît de bienfaifance.

Le Sieur Bucquet attefte avec confiance, non feulement les moulins qu'il a établis pour fon propre compte & pour celui de l'Hôpital, mais encore ceux de M. Bertier de Sauvigni, Confeiller d'Etat, Intendant de Paris, à fa terre de Villemoiffon, près Montlhéri ; de M. le Marquis de Puifégur, près Soiffons, & de M. Bertin, Miniftre & Secretaire d'Etat, à Bourdeille en Périgord.

Les bons Citoyens qui lifent avec

avidité, & qui répandent avec plaifir tout ce qu'ils ont appris d'utile au bien public, fe feront fans doute un plaifir d'exciter, autant qu'ils pourront, cette noble émulation dans toutes les Provinces où leurs talents & leur zèle leur ont acquis cette forte de confidération attachée au patriotifme éclairé, qui vaut fouvent plus que *l'autorité.*

N°. X.

Des Moulins Bannaux.

Nous ne pouvons réfifter à une penfée qui nous paroît appuyée fur la *juftice* & l'amour du *bien public*, & qui concerne les *moulins bannaux* : tout le monde fait en quoi confifte ce droit de bannalité ; refte de notre ancien droit féodal. C'eft un impôt indirect, établi fur les Habitans d'une Terre-feigneuriale ; qui fe perçoit fur la premiere & la plus forte des confommations. Le Seigneur a le privilége exclufif d'élever des moulins, & les tenanciers font obligés d'y venir moudre leur grain.

On allegue en faveur de cette ban-nalité, la convention originaire, fondée fur la *propriété* & la *liberté*, deux titres certainement très refpectables & très facrés. Nous ne traitons pas la quef-tion fous ce point de vue ; fi jamais nous nous livrons à examiner le fondement du droit féodal dans fon premier éta-bliffement, la réforme qu'on prétendit en faire vers la fin du douzieme fiecle, & les *reftes* qui en ont été confervés, on verra pour lors le réfultat de nos ob-fervations.

Suppofons tout ce qu'on voudra de plus favorable au droit de bannalité ; par exemple, qu'un Propriétaire eut, en 1600, convenu d'établir, *à fes frais*, un moulin pour le fervice d'une petite Ville ou d'un gros Bourg, à condition qu'il feroit feul & qu'il moudroit pour tous, moyennant un prix honnête, dont on feroit convenu, la convention ayant été faite dans le temps où l'on ne con-noiffoit que la *mouture à la groffe*, dans le temps où l'on ne retiroit encore d'un feptier de bled que cent quarante ou cent cinquante livres de pain; Peut-on imaginer que les contractants aient renoncé au bénéfice de la *mouture éco-nomique* ? Peut-on croire qu'ils ont en-tendu s'obliger, pour eux & pour leurs defcendants, à perpétuité, à ne fe fervir que du *moulin bannal*, même dans le cas où la mouture y rendroit près de la moitié moins de pain qu'une autre ? Non fans doute. Une pareille convention eft une folie manifefte, qui ne fera jamais exigée ni accordée entre honnêtes gens de bons fens.

Tout moulin *bannal*, doit donc fe monter aujourd'hui fur la méthode de la *mouture économique* ; autrement la bannalité devient une *injuflice* atroce, qui ne peut pas être excufée par la con-

vention originaire. Un moulin bannal
a dû être, lors de son établissement, un
moulin de *la meilleure espece*, & la qualité
d'être *perpétuelle*, attachée à la *bannalité*, suppose que le moulin qui en jouit,
doit continuer sans cesse d'être la meilleure espece, en se *perfectionnant*, à cet
effet, suivant le cours ordinaire des inventions humaines.

La justice exige donc que les Propriétaires des moulins *bannaux* soient
astreints à les mettre en état de faire la
mouture économique, & qu'à faute, par
eux, d'en *vouloir* ou d'en pouvoir faire
les frais, il soit permis, à tous autres,
d'en établir de pareils, & d'y aller moudre, passé le terme qu'il conviendra de
prescrire à cette opération.

Les moulins économiques fondés par
les riches Propriétaires, en pays libres,
ceux que les Administrateurs des éta-
blissements publics feront construire, &
les moulins bannaux, serviront bientôt

d'exemples & de de modeles pour tous les autres.

Nº. XI.

Moulins économiques à fonder sur le champ dans les grandes Villes.

Il n'est point de grandes Villes qui n'aient des Hôpitaux & une Administration, à la tête de laquelle sont les Evêques diocésains, les Députés des Chapitres & Corps ecclésiastiques, les Intendants, les principaux Magistrats & d'autres Citoyens recommandables.

C'est par-là que doit commencer la réforme. L'idée que nous en donnons ne vient pas de nous ; elle est de M. Bertin, Ministre d'Etat, & de M. Boutin, aujourd'hui Conseiller d'Etat, Intendant des Finances, ci-devant Intendant de Bordeaux, auxquels il est très juste d'en reporter toute la gloire.

Ils ont envoyé, de concert, le Sieur

Bucquet en 1766 , dans diverſes Provinces , pour transformer en moulins *économiques* , ceux qui ſervent aux Hôpitaux des grandes Villes , telles que Tours , Bordeaux , Lyon & Dijon.

Rien n'eſt plus facile que d'opérer promptement cette réforme , par le moyen du Sieur Bucquet , lui - même , ou de ſa famille & de ſes éleves , qu'il enverra volontiers. Les Citoyens diſtingués par leur état & leurs ſentiments , qui préſident à ces Adminiſtrations , peuvent , en ſe cottiſant entr'eux , faire les frais d'une pareille opération. C'eſt une générofité bien peu couteuſe ; mais la mieux entendue qu'il ſoit poſſible. Des Magiſtrats très reſpeȼables , du Parlement de Paris , nous ont confirmé que la mouture économique valoit aux Hôpitaux de cette grande Ville de Paris , cent quatre-vingts mille livres de rente en bénéfice ſur le pain. Qu'on juge par proportion du profit qui réſultera fur *le champ*, en faveur de ceux de chaque grande Ville.

Les *moulins économiques*, fondés en chaqu'une des Capitales des Généralités, ferviront de modeles à tout le Pays ; & ceux qui les conduiront fous les leçons du Sieur Bucquet, deviendroient *Maîtres*, eux-mêmes, leurs éleves fe répandront dans toute la Province.

N°. X I I.

Produit des moulins économiques.

Il faut favoir que par la *mouture économique* du Sieur Buquet, on donneroit pour deux cents quarante livres de froment, environ deux cents livres de toutes farines, & environ trente - deux de fon.

La mouture économique doit fe payer en argent, à raifon de vingt fols par feptier ; c'eft le prix du Sieur Maliffet.

Nᵒ. X I I I.

Observation fur les efpeces de farines
& de fons.

Il faut fur-tout retenir que la mou‑
ture économique, produit quatre fortes
de farines. 1ᵒ. La plus fine & la plus
blanche, qui fort par le premier blu‑
tage; on l'appelle farine de bled ou *le*
blanc. La feconde eft la farine de *pre-*
mier gruau , & s'appelle de ce nom , ou
blanc Bourgeois. La troifieme eft de *fe-*
cond gruau, qu'on mêle avec la précé-
dente; enfin la quatrieme eft la *farine*
bife.

Les fons font auffi de trois efpeces; le
gros fon, les recoupettes & le petit fon.
Ces diftinctions font néceffaires pour
entendre ce que nous avons à dire fur
le Commerce des *farines* & fur le *pain.*

CHAPITRE II.

Du Commerce des Farines.

N°. PREMIER.

On doit accorder toute liberté au Commerce des Farines.

SI le Commerce *des bleds* doit être abſolument libre, comme nous croyons l'avoir prouvé dans le premier de nos petits Traités économiques, celui des *farines*, doit par les mêmes raiſons jouir d'une pleine franchiſe & de la liberté la plus abſolue.

Ce Commerce eſt encore plus avantageux que celui des bleds mêmes, par la raiſon toute ſimple qu'il eſt plus facile, moins diſpendieux, moins ſujet aux accidents. C'eſt ce qu'il nous faut détailler, ſoit par rapport au Commerce intérieur, ſoit par rapport au Commerce extérieur ; après avoir expliqué d'abord ce qu'on entend par le Commerce des *farines*, & quelles raisons doivent faire desirer qu'il s'étende de plus en plus.

Nº. I I.

Du Commerce intérieur des Farines.

Voici en quoi consiste ce Commerce très avantageux au Public, & à ceux qui l'entreprendront les premiers dans les Provinces.

Le Propriétaire ou le Fermier d'un bon moulin, monté pour la mouture économique, achette les bleds dans le meilleur temps, les moud & remoud à son loisir, assortit ses farines, puis vend au Public, c'est-à-dire aux Boulangers ou aux Particuliers, la farine prête à faire pain ; soit la fine fleur, ou le blanc, qu'on appelle farine de bled ; soit la farine de premier, second ou troisieme gruau ; soit les mélanges divers, par exemple, des quatre ensemble, qui font

de très bon pain pour le Peuple ; foit
des deux premieres feulement, qui font
de belles & bonnes farines pour la mer ;
foit des trois premieres, qui font du
beau pain Bourgeois ; foit de trois der-
nieres, feulement le blanc prélevé, qui
font le pain des plus Pauvres.

Nº. I I I,

De l'affortiment des farines de divers bleds.

Outre les mélanges qu'on peut faire
des farines qui proviennent du même
grain, les Marchands qui font ce commerce peuvent encore & doivent même
fouvent pour leur profit & pour l'intérêt
public affortir enfemble, *après la mouture*, non feulement les farines de divers grains femblables, par exemple de
froments de plufieurs années différentes
& de plufieurs territoires divers ; mais
encore celles de grains diffemblables,
par exemple de froment & de feigle,
dans les lieux où la coutume eft de le

faire pour le Peuple, fur-tout pour celui des campagnes.

N°. I V.

*Utilité d'affortir, après la mouture, les
farines de divers grains femblables.*

Suivant la diverfité des terroirs, les
bleds font plus ou moins propres à rendre un bon profit en pain & en farine.
Les uns font plus *fonneux*, c'eft-à-dire,
donnent plus de fon & moins de farine;
les autres ont la qualité contraire.

Les uns font plus favoureux & plus
fubftantiels; les autres le font moins.

Ce n'eft pas feulement la diverfité
des terroirs qui produits ces grandes va-
riétés dans les farines; c'eft auffi celle
des années plus ou moins pluvieufes &
des récoltes qui en réfultent.

Une troifieme caufe encore, c'eft
l'âge des *bleds*; car ils ont un point de
maturité, après qu'on les a ceuillis, un
dégré fixe pour leur confervation :

quand ils l'ont atteint, ils ne font plus
que déchoir; auparavant ils font encore imparfaits.

Il y a donc un art de combiner ces
fortes fi différentes, de la maniere la
plus avantageufe; & cet *art* ne peut
s'acquérir que par l'expérience, & par
l'émulation qu'excite la néceffité d'un
bon Commerce.

N°. V.

Néceffité de ne méler qu'aprés la mouture
les farines provenant des grains de di-
verfes efpeces.

C'eft une méthode fort commune,
mais qui n'en eft pas moins mauvaife,
au jugement des plus experts, & no-
tamment du Sieur Bucquet, que de mêler enfemble des grains de différentes
efpeces, pour les faire moudre fous la
même meule.

La diverfité de volume & de confi-
guration dans ces grains, fait que l'un

s'écrafe & *s'échauffe* beaucoup *trop* ;
quand les autres ne font pas affez mou-
lus.

Ce vice vient fouvent du champ
même, où les gens de la campagne, fur-
tout les pauvres qui cultivent de petits
héritages pour vivre, fément du méteil,
c'eft à-dire du froment pêle mêle avec
du feigle ou d'autres grains. Il vaudroit
beaucoup mieux les femer en deux portions féparées , pour plufieurs raifons.

Le feigle eft mûr beaucoup plutôt
que le froment ; tout le monde le fait.
Un champ femé de ces deux grains pêle-
mêle , ne peut donc jamais être récolté
à temps. Si on choifit le point de maturité du feigle , le froment eft encore
tout verd ; fi on attend le moment de
ce dernier , le feigle a paffé le fien ; il
s'égrenne & fe gâte en cent manieres.
D'ailleurs la paille mêlangée n'eft pas
auffi bonne pour les animaux.

Les Propriétaires intelligents , les
Curés,

Curés, les Seigneurs qui veulent le bien
public, devroient donc empêcher, au-
qu'ils peuvent par l'exemple, par l'exhortation & par l'autorité, cette mauvaise méthode de s'étendre & de se per-
petuer.

Les grains de diverses especes, semés
& récoltés à part, doivent se moudre
& se bluter séparément : il ne faut
mêler les farines qu'au moment même
où l'on veut faire du pain ; il y a beaucoup de profit à cette méthode, & c'est
une chose bien facile.

Nº. VI.

Mélange des Farines de diverses récoltes.

On trouve encore beaucoup d'avantage à mêler ensemble les farines ; ou
provenues de grains semblables entre
eux, par exemple de pur seigle & de
pur froment ; ou mêlangées de l'un &
de l'autre, comme le méteil, & qui sont

C

tirées des grains de plusieurs récoltes différentes.

On peut faire à cet égard trois sortes de mélanges, savoir : des grains de différents terroirs, mais de même année ; des grains de même terroir & d'années différentes ; enfin, des grains différents par le temps & les lieux.

C'est un fait très anciennement connu, dont parle Pline, le naturaliste, *liv. huitieme*, que les bleds de divers pays, par exemple ceux de Cypre & d'Alexandrie qu'il cite, font du pain plus beau, meilleur & en plus grande quantité quand ils sont mêlés ensemble ; la différence du pain étoit pour la quantité de vingt livres à vingt-six.

Par des expériences faites à Rennes, en 1752, sur des farines provenant du bled de 1750 & 1751, il s'est trouvé que celle de 1750, rapportoit deux cents cinquante-sept livres un quart de pain par mine, que celle de 1751, n'en rap-

portoit que deux cents trente-deux liv.
& demie, en tout quatre cents quatre-
vingt-neuf liv. trois quarts; en les mêlant
enfemble, on a tiré des deux réunies,
cinq cents quatorze livres de pain, de
même efpece, & il en a été de même
pour le méteil compofé de froment &
de feigle des deux récoltes, pris féparément ou mêlés enfemble.

Nº. V I I.

*Combien ces raifons font puiffantes pour
faire defirer que le Commerce intérieur
des farines fleuriffe dans le Royaume.*

De toutes ces expériences fi bien
conftatées & fi aifées à prouver, on doit
conclure qu'il eft très important d'étendre, de perfectionner, d'affurer, de fa-
vorifer le Commerce des farines; car
enfin, les particuliers n'ont qu'une efpece
de grains, d'une feule récolte, fouvent
peu avantageufe à manger fur le champ,
& fur laquelle on feroit un grand profit

à la conferver un ou deux ans, avant de la convertir en pain. Si le Commerce des farines étoit bien répandu, ces particuliers vendroient leur grain aux Marchands qui leur en donneroient le plus jufte prix; le prix naturel, moyennant la *pleine liberté*, la franchife & les facilités; & de l'argent provenant de leurs ventes, ils achetteroient des farines bien moulues, bien blutées, bien mêlangées, bien afforties, prêtes à faire la quantité convenable de *bon pain*, ou même ils acheteroient le pain tout fait.

Il y auroit à cela un profit naturel très confidérable, comme on vient de voir, qui fe partageroit éganlement entre les Particuliers, & les Marchands acheteurs de bled, puis vendeurs de la farine ou du pain.

Suppofons que ce Commerce eût été parfaitement établi en Bretagne en 1752, les Marchands auroient acheté le grain au prix courant, & ils auroient vendu, au prix qu'établit la concurrence & la liberté, des farines de 1751 & 1752, mêlées ensemble, sur lesquelles il y auroit eu de profit, vingt-quatre liv. un quart pour deux mines, ou douze livres de pain par mine. Ces douze liv. ont été perdues en 1751 & 1752, parceque presque tout le monde en Bretagne, a mangé les farines des deux récoltes séparément.

Il faut compter plus de deux mines par personne, l'un portant l'autre, pour la consommation annuelle; supposons seulement cinq cents mille ames mangeant pain, c'est en Bretagne douze millions de livres de pain perdues en une année, par le seul défaut de mêlange. Qu'on juge par cet échantillon des maux que cause l'ignorance; combien l'homme se détruit lui-même, & rend inutiles les bienfaits que l'Auteur de la nature accorde aux *avances* & aux travaux de l'Agriculture.

C iij

Suivant la même proportion, en ne comptant dans le Royaume que quinze millions d'ames mangeant pain, & que deux mines de Bretagne, faisant environ cinq cents livres, pour consommation annuelle par tête, y a eu de *perdues* en 1753, plus de trois cents soixante millions de livres de pain, seulement par cette ignorance-là.

N°. V I I I.

Nouveaux motifs pour desirer la prospérité générale du Commerce des farines.

Des raisons très puissantes encore se joignent à ce motif; c'est le danger continuel attaché à la méthode ordinaire, les peines qu'elle coute, le temps précieux qu'elle fait perdre au pauvre Peuple, & trop souvent même sans aucun profit.

Personne sûrement n'ignore combien il est facile d'être la dupe, ou de la maladreſſe, ou de la mauvaiſe foi des Meuniers dans la mouture actuelle. Les hommes les plus ſages & les plus expérimentés en ont fait l'expérience.

Si vous envoyez votre grain au Moulin, voici la liſte effrayante de ce que vous avez à craindre. Premierement, dans le meſurage, un mal adroit ou un fripon peuvent vous tromper ſur cet article de cinq ou même de dix ſur cent. M. Malouin en cite des exemples curieux : le même homme, avec la même meſure, vous prouvera qu'un tas de bled contient cent boiſſeaux tout juſte, puis qu'il n'en contient que 90, puis qu'il y en a cent dix. Tout cela dépend de la maniere de meſurer. Combien de particuliers y ſont pris?

Secondement, votre grain parti, qui vous aſſurera que c'eſt le même qui vous revient en farine? Ne peut-on pas le changer tout à fait ou le mélanger d'une maniere déſavantageuſe pour

C iv

vous ? Rien n'eſt moins rare de la part des Meuniers mercenaires.

Troiſiemement , ſi c'eſt votre bled même qu'on vous rapporte , comment ſavez-vous ſi toute la farine qu'il doit produire eſt dans votre ſac , & ſi elle eſt moulue comme il faudroit. D'abord il y a des mauvais Moulins qui font de mauvaiſe farine , & qui en perdent une grande quantité ; puis , il y a des Meunieurs ignorants qui gâtent la beſogne ; enfin , il y en a de mauvaiſe foi qui volent hardiment.

On a cru trouver le ſecret d'arrêter la fraude en peſant le grain , & en obligeant le Meunier à rendre poids pour poids autant de farine que de grain , preſque tous l'ont accepté ; croit-on que la bonne foi ſoit rétablie ? vous en allez juger.

Premierement , il eſt conſtaté par toutes les Expériences les plus déciſives , que la mouture la plus économi-

que & la plus fidele fait souffrir le déchet de cinq à six livres au moins par
septier de *bled*. Or , je demande comment on peut vous rendre , sans fraude,
poids pour poids quand il y a du *déchet*?

Dans plusieurs endroits on paie le
Meunier *en nature* : il retient le seizieme
du bled pour sa mouture. C'est quinze
livres de bled par septier de Paris ; le
déchet étant de cinq à six , son droit
est réduit à dix livres , quand il rend
poids pour poids ; c'est assez sans doute :
mais qui nous assurera qu'il se contente
de cette réduction du tiers au moins ?

Dans d'autres lieux, on paie dix ,
quinze & même vingt sols par septier ;
mais en rendant poids pour poids , le
Meunier qui perdroit sur le déchet
cinq livres de bled qui valent au moins
sept sols & demi *bon an, mal an*, pourroit-il moudre pour dix sols ? D'ailleurs,
de quel bled vous bonnifira-t-il les cinq
à six livres de déchet ?

C v

2°. Il y a tant de moyens de vous rendre poids pour poids & de vous tromper : on mouille les facs ou les farines elles-mêmes : on mêle des recoupes ou du fon à votre farine ; comment le reconnoiffez-vous ? La premiere de ces fraudes peut encore fe découvrir en ne pefant les farines qu'un certain temps après qu'elles font revenues du moulin ; nous favons que des Négociants ont ufé de cette précaution : ils avoient pris pour lieu de dépôt un endroit très fec, fermé à deux ferrures & à deux clefs différentes. Le Meunier en avoit une ; l'autre leur reftoit. Chaque femaine on leur apportoit des farines nouvellement faites ; alors feulement on pefoit les anciennes dépofées depuis huit jours, & on enfermoit les nouvelles. Mais il reftoit encore le doute fur le mélange de la farine médiocre à la place de la meilleure ; des recoupes & du fon. D'ailleurs, le Peuple peut-il ufer de ces précautions ?

Nº. IX.

La plus grande précaution a même encore ses inconvénients.

Le pauvre trop instruit par une longue & malheureuse expérience, ne sait rien faire de mieux que de porter soi-même son grain, & de le faire moudre en sa présence pour en rapporter chez soi la farine.

Cette méthode est dispendieuse comme on voit ; car enfin, il se perd un temps précieux dans ces allées & venues : il faut souvent attendre, & le moulage prend bien des momens. Le bon Ouvrage que feroit un Ouvrier de la Campagne ou une bonne ménagere, dans l'espace de temps qui se perd au moulin, vaut souvent plus que la farine qu'on perdroit par la fraude du Meunier. Mais ils aiment mieux faire ce sacrifice, parceque l'homme est naturellement attaché à son bien, sur-tout quand c'eſt ſa ſubſiſtance, & auſſi parceque l'homme eſt naturellement ennemi des *voleurs*.

D'ailleurs, cette méthode eſt inſuffiſante au dire des Experts : on peut tromper impunément l'homme qui ſe croit le plus habile, le tromper en ſa préſence & ſans qu'il puiſſe réclamer. Entr'autres méthodes pour pratiquer ce bel Art, on tient les meules baſſes, c'eſt-à dire, très rapprochées l'une de l'autre, le grain s'écraſe davantage : il y a beaucoup plus de farine très fine qui s'évapore : elle ne forme pendant la mouture qu'un nuage léger autour des meules dans le Moulin ; mais après le départ du curieux, elle retombe partout en fine fleur, que les Meuniers ſavent très bien ramaſſer pour en faire un bon profit. D'ailleurs, il faudroit démonter toute leur machine pour ſavoir s'ils n'y conſervent pas une partie de votre farine, & c'eſt pour chaque

Particulier qui vient faire moudre, une chofe impoffible à exiger.

Nº. X.

Le Commerce des Farines remédieroit à tous les inconvénients.

S'il y avoit dans toutes les Provinces un grand nombre de Commerçants qui euffent en propriété ou à ferme des *Moulins économiques*, avec la pleine & entiere liberté d'acheter des grains & de vendre des *farines*, on remédiroit abfolument à cet inconvénient. Le Boulanger & les Particuliers n'auroient plus qu'un connoiffance à acquérir; celle des farines, fur lefquelles un peu de théorie jointe à la pratique rend bientôt affez habile.

Nº. XI.

Des moyens de favorifer le Commerce des Farines.

La Liberté la plus entiere, la plus

parfaite liberté est sans doute le premier de tous les moyens ; la condition indispensable , sans laquelle tout le reste est inutile. Mais la sagesse & la bonté paternelle du Gouvernement , peut encore prendre d'autres mesures en faveur du Commerce des farines.

Premierement , il peut instruire la Nation sur les avantages de la Mouture économique , du mélange & de l'assortiment des farines , c'est son dessein ; & même nous avons cité les premiers soins qu'il a pris pour l'exécuter ; les voyages faits par le Sieur Bucquet, en conséquence des ordres du Ministre , l'impression de son Mémoire , qui sera suivie bientôt de celle du Traité qu'a rédigé sur les principes le Sieur Patte , Architecte, employé à cet effet ; nous desirons bien sincerement qu'il paroisse au plutôt , & nous pouvons assurer que le Public va l'attendre avec la plus vive impatience.

Secondement, il peut par *l'autorité* faire conſtruire des Moulins économiques dans les grandes Villes pour les ſervices des Maiſons publiques, dont il a la ſuprême adminiſtration. Moulins qui ſerviront de modele & d'Ecole pour les Provinces. Il peut forcer les Propriétaires des Moulins bannaux de les rendre propres à moudre par économie : il peut engager par *recommendation* les Grands & Riches Propriétaires à cette bonne œuvre, de fonder un Moulin économique dans leurs Terres.

Troiſiemement enfin, il peut accorder des franchiſes & des diſtinctions aux Négociants en bled & en farines, Propriétaires ou Fermiers des Moulins économiques, c'eſt à dire, les exempter de toutes les Charges qui repouſſent les hommes aiſés & induſtrieux, & qui les éloignent du Commerce rural. S'il n'y avoit pour eux ni Taille arbitraire, ni Milice pour leurs enfants & leur garde

Moulin, ni Corvées, ni Collecte, s'ils étoient aſſimilés en tout aux plus notables Bourgeois des Villes, & traités comme tels. S'il étoit permis même à la Nobleſſe de faire ce Commerce le plus néceſſaire de tous, le plus avantageux au pauvre Peuple, il y a tout lieu de croire qu'il feroit bientôt dans une grande activité.

Un Noble peut travailler ſans rougir & ſans déroger à faire des verres à boire, il peut commercer en gros toutes eſpeces de Marchandiſes; pourquoi ne pourroit-il pas faire le Commerce des Farines par le moyen du *Moulin* économique : eſt ce que le verre eſt plus néceſſaire que le *Pain ?*

Nº. X I I.

Du Commerce extérieur des Farines.

Il y auroit beaucoup de frais épargnés ſi on ne tranſportoit hors de France pour la conſommation des Colonies &

des Etrangers , que des farines prêtes à faire pain , par exemple , des deux premieres efpeces que donne la mouture économique.

Ces deux fortes mêlées enfemble , font de meilleure pain que les minots mêmes de la mouture méridionale , parceque ceux-ci ne font que la portion la plus fine & la plus blanche , mais non la plus fubftantielle & la plus favoureufe. C'eft le germe qu'il faut mettre dans le pain pour le faire bon ; mais le germe ne peut - être réduit en farine que par un ou même deux remoulages.

La mouture économique *n'échauffant* le grain & la farine , ni dans le moulage ni dans le remoulage , les deux premieres farines combinées font excellentes pour le Commerce extérieur.

Nº. XIII.

De la connoiſſance des Farines.

On voit qu'il n'y auroit plus à deſirer pour le Peuple, que l'habileté de ſe
connoître *en Farines*, ſi le Commerce
en étoit auſſi général & auſſi favoriſé
qu'il l'étoit peu juſqu'à préſent. Tout
ce qu'on peut dire en général, c'eſt
que *les Farines* doivent ſe juger par l'o-
dorat, par les yeux, par le tact & par
le goût.

Les meilleures Farines ne ſont pas
les plus blanches ; les meilleures tirent
ſur la couleur citron clair ; l'odeur des
bonnes farines eſt aiſée à diſcerner ;
pour le tact, il faut que la farine, priſe
à pleine main & ſerrée, faſſe des pelot-
tes : il faut que preſſée ſous le pouce,
elle ſe trouve douce & comme un peu
onctueuſe ; celle qui eſt trop mollaſſe,
eſt appellée *Farine creuſe* ; enfin on peut
goûter les Farines mêmes, & avec un

peu d'habitude, on jugera très bien, par la faveur, si elles sont bonnes ou mauvaises.

Le plus sûr est de peser une quanité de *Farine*, & une quantité d'eau convenable, suivant que nous l'expliquerons dans le Traité du Pain, & d'en couper de la pâte, on juge bien mieux par la couleur, par l'odeur, par le goût, par la consistance : il faut que cette pâte durcisse vite, c'est signe que la farine boit bien l'eau, & rend par conséquent bonne quantité de pain ; si elle s'amollit, au lieu de durcir, la Farine ne vaut rien, de même si la pâte est trop cassante. Quand la farine est gâtée ou mêlée de mauvaise, la pâte est grise, brune ou piquetée, au lieu d'être d'un blanc tirant sur le citron clair. L'odeur & le goût dictent encore bien mieux les mauvaises qualités de la farine réduite en pâte.

N°. X I V.

Conclusion du Traité des Farines.

Tous les vœux & tous les efforts des bons Citoyens doivent se réunir pour enseigner, prêcher, établir, confirmer, multiplier dans le Royaume les Moulins économiques, & le commerce des Bleds & des Farines.

Si le Royaume contient seize millions d'ames mangeant du pain, la mouture économique au point où l'a porté le sieur *Bucquet*, réduisant la consommation par tête à deux septiers au lieu de trois, que comptoit encore M. le Maréchal de Vauban, sous la fin du siécle de Louis XIV, c'est 16 millions de septiers épargnés chaque année, ce qui fait 192 millions par an à raison de 12 l. le septier l'un portant l'autre ; ces 192 millions se *perdoient* à-peu-près tous les ans, & se perdent encore en partie. La mouture

économique, la liberté & l'ennoblisse-
ment du commerce *des Farines*, établies
dans tout le Royaume, les épargneroit
au Peuple sur sa subsistance.

Fin du second petit Traité Economique.